Impressum
Verlag: BABADADA GmbH, Nedderfeld 112 , 22529 Hamburg
Geschäftsführer / Verlagsleitung: Harald Hof
Druck: Books on Demand GmbH, In de Tarpen 42, 22848 Norderstedt

Imprint
Publisher: BABADADA GmbH, Nedderfeld 112 , 22529 Hamburg, Germany
Managing Director / Publishing direction: Harald Hof
Print: Books on Demand GmbH, In de Tarpen 42, 22848 Norderstedt

dividir
divide

186/2

pizarra
board

aula
classroom

patio
school yard

maestro/a
teacher

papel
paper

escribir
write

bolígrafo
pen

escritorio
desk

regla
ruler

libro
book

alumno/a
pupil

cartera

satchel

caja de lápices

pencil case

lápiz

pencil

sacapuntas

pencil sharpener

goma de borrar

rubber

cuaderno de dibujo

drawing pad

dibujo

drawing

pincel

paintbrush

caja de pinturas

paint box

tijeras

scissors

pegamento

glue

cuaderno de ejercicios

exercise book

deberes

homework

número

number

sumar

add

restar

subtract

multiplicar

multiply

calcular

calculate

letra

letter

alfabeto

alphabet

palabra

word

texto

text

leer

read

tiza

chalk

lección

lesson

cuaderno de notas

register

examen

exam

certificado

certificate

uniforme escolar

school uniform

educación

education

enciclopedia

encyclopedia

universidad

university

microscopio

microscope

mapa

map

papelera

waste-paper basket

hotel
hotel

albergue
hostel

oficina de cambio de divisas
bureau de change

maleta
suitcase

coche
car

idioma
language

sí / no
yes / no

Vale
Okay

hola
hello

traductor
translator

Gracias
Thank you

¿cuánto es...?

how much is...?

No entiendo

I do not understand

problema

problem

¡Buenas tardes!

Good evening!

¡Buenos días!

Good morning!

¡Buenas noches!

Good night!

adiós

bye bye

dirección

direction

equipaje

luggage

bolsa

bag

mochila

backpack

invitado

guest

habitación

room

saco de dormir

sleeping bag

tienda de campaña

tent

información turística

tourist information

playa

beach

tarjeta de crédito

credit card

desayuno

breakfast

almuerzo

lunch

cena

dinner

billete

ticket

ascensor

lift

sello

stamp

frontera

border

aduana

customs

embajada

embassy

visa

visa

pasaporte

passport

viaje - travel

transporte
transport

avión
aeroplane

barco
ship

coche de bomberos
fire engine

camión
truck

autobús
bus

lancha a motor
motorboat

bicicleta
bike

coche
car

transbordador
ferry

barca
boat

moto
motorbike

coche de policía
police car

coche de carreras
racing car

coche de alquiler
rental car

préstamo de vehículos

car sharing

grúa

breakdown truck

camión de la basura

refuse truck

motor

motor

gasolina

fuel

gasolinera

petrol station

señal de tráfico

traffic sign

tráfico

traffic

atasco

traffic jam

aparcamiento

car park

estación de tren

train station

vías

tracks

tren

train

tranvía

tram

vagón

carriage

helicóptero

helicopter

aeropuerto

airport

torre

tower

pasajero

passenger

contenedor

container

caja de cartón

carton

carretilla

cart

cesta

basket

despegar / aterrizar

take off / land

ciudad

city

pueblo

village

centro de ciudad

city centre

casa

house

cine
cinema

anuncio
advert

farola
street lamp

CINEMA

calle
street

taxi
taxi

quiosco
snack shop

peatón
pedestrian

acera
pavement

paso de cebra
zebra crossing

contenedor de basura
bin

cruce
crossing

semáforo
traffic lights

cabaña

hut

apartamento

flat

estación de tren

train station

ayuntamiento

town hall

museo

museum

escuela

school

ciudad - city

universidad
university

banco
bank

hospital
hospital

hotel
hotel

farmacia
pharmacy

oficina
office

librería
book shop

tienda
shop

floristería
florist's

supermercado
supermarket

mercado
market

grandes almacenes
department store

pescadería
fishmonger's

centro comercial
shopping centre

puerto
harbour

parque

park

banco

bench

puente

bridge

escaleras

stairs

metro

underground

túnel

tunnel

parada de autobús

bus stop

bar

bar

restaurante

restaurant

buzón

postbox

poste indicador

street sign

parquímetro

parking meter

zoo

zoo

piscina

swimming pool

mezquita

mosque

granja

farm

contaminación

pollution

cementerio

graveyard

iglesia

church

patio de juego

playground

templo

temple

paisaje

landscape

hoja
leaf

señal
signpost

camino
way

prado
meadow

piedra
stone

excursionista
hiker

árbol
tree

río
river

hierba
grass

flor
flower

valle

valley

colina

hill

lago

lake

bosque

forest

desierto

desert

volcán

volcano

castillo

castle

arcoíris

rainbow

champiñón

mushroom

palmera

palm tree

mosquito

mosquito

mosca

fly

hormiga

ant

abeja

bee

araña

spider

escarabajo

beetle

rana

frog

ardilla

squirrel

erizo

hedgehog

liebre

hare

lechuza

owl

pájaro

bird

cisne

swan

jabalí

boar

ciervo

deer

alce

moose

presa

dam

turbina eólica

wind turbine

panel solar

solar panel

clima

climate

camarero
waiter

menú
menu

silla
chair

sopa
soup

pizza
pizza

mantel
tablecloth

cubertería
cutlery

primer plato
starter

plato principal
main course

postre
dessert

bebidas
drinks

comida
food

botella
bottle

comida rápida

fast food

comida callejera

street food

tetera

teapot

azucarero

sugar bowl

porción

portion

cafetera expreso

espresso machine

trona

high chair

cuenta

bill

bandeja

tray

cuchillo

knife

tenedor

fork

cuchara

spoon

cucharilla

teaspoon

servilleta

serviette

vaso

glass

plato

plate

plato hondo

soup plate

platillo

saucer

salsa

sauce

salero

salt pot

molinillo de pimienta

pepper mill

vinagre

vinegar

aceite

oil

especias

spices

ketchup

ketchup

mostaza

mustard

mayonesa

mayonnaise

oferta especial
special offer

cliente
customer

lácteos
dairy

fruta
fruit

carro de la compra
trolley

---

carnicería
butcher´s

verduras
vegetables

panadería
baker´s

carne
meat

pesar
weigh

alimentos congelados
frozen food

fiambres

cold meat

conservas

tinned food

detergente en polvo

washing powder

dulces

sweets

productos de uso doméstico

household products

productos de limpieza

cleaning products

vendedora

salesperson

caja

till

cajero

cashier

lista de la compra

shopping list

horario de atención al público

opening hours

cartera

wallet

tarjeta de crédito

credit card

bolsa

bag

bolsa de plástico

plastic bag

bebidas
drinks

agua

water

zumo

juice

leche

milk

cola

coke

vino

wine

cerveza

beer

alcohol

alcohol

cacao

cocoa

té

tea

café

coffee

expreso

espresso

capuchino

cappuccino

plátano

banana

manzana

apple

naranja

orange

melón

melon

limón

lemon

zanahoria

carrot

ajo

garlic

bambú

bamboo

cebolla

onion

champiñón

mushroom

avellanas

nuts

fideos

noodles

espagueti

spaghetti

arroz

rice

ensalada

salad

patatas fritas

chips

patatas fritas

fried potatoes

pizza

pizza

hamburguesa

hamburger

sándwich

sandwich

filete

cutlet

jamón

ham

salami

salami

salchicha

sausage

pollo

chicken

asado

roast

pescado

fish

comida - food

copos de avena

porridge oats

muesli

muesli

copos de maíz

cornflakes

harina

flour

cruasán

croissant

panecillo

bread roll

pan

bread

tostada

toast

galletas

biscuits

mantequilla

butter

cuajada

curd

pastel

cake

huevo

egg

huevo frito

fried egg

queso

cheese

helado

ice cream

azúcar

sugar

miel

honey

mermelada

jam

crema de turrón

chocolate spread

curry

curry

comida - food

granja
farmhouse

fardo de paja
straw bale

granero
barn

campo
field

caballo
horse

remolque
trailer

potro
foal

tractor
tractor

burro
donkey

oveja
sheep

cordero
lamb

cabra

goat

vaca

cow

ternero

calf

cerdo

pig

cerdito

piglet

toro

bull

ganso
goose

pato
duck

pollo
chick

gallina
hen

gallo
cock

rata
rat

gato
cat

ratón
mouse

buey
ox

perro
dog

perrera
doghouse

manguera
garden hose

regadera
watering can

guadaña
scythe

arado
plough

hoz

sickle

azada

hoe

horca

pitchfork

hacha

axe

carretilla

wheelbarrow

abrevadero

trough

lechera

milk can

saco

sack

valla

fence

establo

stable

invernadero

greenhouse

suelo

soil

semilla

seed

fertilizador

fertilizer

cosechadora

combine harvester

cosechar

harvest

cosecha

harvest

ñame

yams

trigo

wheat

soja

soy

patata

potato

maíz

corn

semilla de colza

rapeseed

árbol frutal

fruit tree

mandioca

cassava

cereales

cereals

chimenea
chimney

tejado
roof

canalón
drainpipe

ventana
window

garaje
garage

timbre
doorbell

puerta
door

cubo de la basura
rubbish bin

buzón
letterbox

jardín
garden

sala
living room

cuarto de baño
bathroom

cocina
kitchen

dormitorio
bedroom

habitación de los niños
child's room

comedor
dining room

suelo

floor

pared

wall

techo

ceiling

sótano

cellar

sauna

sauna

balcón

balcony

terraza

terrace

piscina

pool

cortacésped

lawn mower

sábana

sheet

colcha

bedspread

cama

bed

escoba

broom

balde

bucket

interruptor

switch

papel pintado
wallpaper

imagen
picture

lámpara
lamp

estante
shelf

armario
cupboard

chimenea
fireplace

televisión
television

flor
flower

cojín
cushion

sofá
sofa

jarrón
vase

mando a distancia
remote control

alfombra
carpet

cortina
curtain

mesa
table

silla
chair

mecedora
rocking chair

butaca
armchair

libro

book

manta

blanket

decoración

decoration

leña

firewood

película

film

equipo de música

hi-fi equipment

llave

key

periódico

newspaper

pintura

painting

póster

poster

radio

radio

cuaderno

notepad

aspiradora

hoover

cactus

cactus

vela

candle

refrigerador
fridge

microondas
microwave oven

balanza de cocina
kitchen scales

tostadora
toaster

detergente
detergent

horno
oven

congelador
freezer

cubo de la basura
rubbish bin

lavavajillas
dishwasher

olla a presión
cooker

olla
pot

olla de hierro fundido
cast-iron pot

wok / karahi
wok / kadai

cazuela
pan

hervidor
kettle

vaporera

steamer

chapa de horno

baking tray

vajilla

crockery

taza

mug

tazón

bowl

palillos

chopsticks

cucharón

ladle

espumadera

spatula

batidor

whisk

colador

strainer

cedazo

sieve

rallador

grater

mortero

mortar

barbacoa

barbecue

hoguera

open fire

tabla de picar

chopping board

rodillo

rolling pin

sacacorchos

corkscrew

lata

can

abrelatas

can opener

agarrador

pot holder

lavabo

sink

cepillo

brush

esponja

sponge

batidora

blender

congelador

deep freezer

biberón

baby bottle

grifo

tap

calefacción
heating

ducha
shower

toalla
towel

cortina de la ducha
shower curtain

baño de espuma
bubble bath

bañera
bathtub

vaso
glass

lavadora
washing machine

baldosas
tiles

grifo
tap

orinal
potty

lavabo
sink

inodoro

toilet

inodoro rústico

squat toilet

bidé

bidet

urinario

urinal

papel higiénico

toilet paper

escobilla del váter

toilet brush

cepillo de dientes
toothbrush

pasta de dientes
toothpaste

hilo dental
dental floss

lavar
wash

ducha de mano
handheld shower

ducha íntima
douche

pila
basin

cepillo de espalda
back brush

jabón
soap

gel de ducha
shower gel

champú
shampoo

toallita
flannel

desagüe
drain

crema
cream

desodorante
deodorant

espejo

mirror

espejo de tocador

hand mirror

maquinilla de afeitar

razor

espuma de afeitar

shaving foam

loción postafeitado

aftershave

peine

comb

cepillo

brush

secador

hair dryer

laca

hairspray

maquillaje

makeup

pintalabios

lipstick

pintauñas

nail varnish

algodón

cotton wool

cortauñas

nail scissors

perfume

perfume

estuche de viaje

washbag

banqueta

stool

balanza

weighing scale

albornoz

bathrobe

guantes de goma

rubber gloves

tampón

tampon

compresa

sanitary towel

inodoro químico

chemical toilet

despertador
alarm clock

peluche
cuddly toy

coche de juguete
toy car

sonajero
rattle

casa de muñecas
doll's house

regalo
present

globo

balloon

cama

bed

coche de niño

pram

naipes

deck of cards

puzle

jigsaw

tebeo

comic

piezas de lego

lego bricks

bloques de juguete

building blocks

figura de acción

action figure

bodi (de bebé)

babygrow

frisbee

frisbee

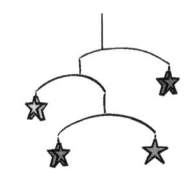

colgador móvil para bebés

mobile

juego de mesa

board game

dados

dice

circuito de tren eléctrico

model train set

maniquí

dummy

fiesta

party

álbum de fotos

picture book

pelota

ball

muñeca

doll

jugar

play

cajón de arena

sandpit

columpio

swing

juguetes

toys

videoconsola

video game console

triciclo

tricycle

oso de peluche

teddy bear

guardarropa

wardrobe

ropa

clothing

calcetines

socks

medias

stockings

leotardos

tights

bufanda
scarf

paraguas
umbrella

camiseta
t-shirt

cinturón
belt

botas
boots

zapatillas
slippers

deportivas
trainers

sandalias
sandals

zapatos
shoes

botas de goma
rubber boots

slip
underpants

sostén
bra

chaleco
vest

ropa - clothing

45

bodi
body

pantalones
trousers

vaqueros
jeans

falda
skirt

blusa
blouse

camisa
shirt

jersey
pullover

suéter
hoodie

blazer
blazer

chaqueta
jacket

abrigo
coat

gabardina
raincoat

traje
costume

vestido
dress

vestido de novia
wedding dress

traje
suit

camisón
nightgown

pijama
pyjamas

sari
sari

bandana
headscarf

turbante
turban

burka
burqa

caftán
kaftan

abaya
abaya

traje de baño
swimsuit

bañador
trunks

pantalones cortos
shorts

chándal
tracksuit

delantal
apron

guantes
gloves

botón

button

gafas

glasses

brazalete

bracelet

collar

necklace

anillo

ring

pendiente

earring

gorra

cap

percha

coat hanger

sombrero

hat

corbata

tie

cremallera

zip

casco

helmet

tirantes

braces

uniforme escolar

school uniform

uniforme

uniform

babero
bib

maniquí
dummy

pañal
nappy

servidor
server

archivo
filing cabinet

impresora
printer

papel
paper

monitor
monitor

ratón
mouse

escritorio
desk

carpeta
folder

teclado
keyboard

silla
chair

papelera
waste-paper basket

ordenador
computer

taza de café
coffee mug

calculadora
calculator

internet
internet

portátil

laptop

carta

letter

mensaje

message

móvil

mobile

red

network

fotocopiadora

photocopier

software

software

teléfono

telephone

toma de corriente

plug socket

fax

fax machine

formulario

form

documento

document

comprar
buy

pagar
pay

comerciar
trade

dinero
money

USD

dólar
dollar

EUR

euro
euro

JPY

yen
yen

RUB

rublo
rouble

CHF

franco suizo
Swiss franc

CNY

renminbi yuan
renminbi yuan

INR

rupia
rupee

cajero automático
cashpoint

oficina de cambio de divisas
....
bureau de change

oro
....
gold

plata
....
silver

petróleo
....
oil

energía
....
energy

precio
....
price

contrato
....
contract

impuesto
....
tax

acción
....
stock

trabajar
....
work

empleado
....
employee

empleador
....
employer

fábrica
....
factory

tienda
....
shop

agente de policía
police officer

bombero
fireman

cocinero
cook

médico
doctor

piloto
pilot

jardinero
....
gardener

carpintero
....
carpenter

costurera
....
seamstress

juez
....
judge

farmacéutico
....
chemist

actor
....
actor

conductor de autobús

bus driver

taxista

taxi driver

pescador

fisherman

señora de la limpieza

cleaning lady

techador

roofer

camarero

waiter

cazador

hunter

pintor

painter

panadero

baker

electricista

electrician

obrero

builder

ingeniero

engineer

carnicero

butcher

fontanero

plumber

cartero

postman

soldado

soldier

arquitecto

architect

cajero

cashier

florista

florist

peluquero

hairdresser

revisor

conductor

mecánico

mechanic

capitán

captain

dentista

dentist

científico

scientist

rabino

rabbi

imán

imam

monje

monk

sacerdote

clergyman

martillo
hammer

alicates
pliers

destornillador
screwdriver

llave
spanner

linterna
torch

excavadora
digger

caja de herramientas
toolbox

escalera de mano
ladder

sierra
saw

clavos
nails

taladro
drill

reparar
repair

pala
shovel

¡Maldita sea!
Damn!

recogedor
dustpan

bote de pintura
paint pot

tornillos
screws

instrumentos musicales
musical instruments

batería
drum kit

altavoz
loudspeaker

guitarra
guitar

contrabajo
double bass

trompeta
trumpet

piano

piano

violín

violin

bajo

bass

timbales

timpani

tambor

drums

teclado

keyboard

saxofón

saxophone

flauta

flute

micrófono

microphone

instrumentos musicales - musical instruments

entrada
entrance

tigre
tiger

jaula
cage

cebra
zebra

pienso
animal feed

panda
panda

animales
animals

elefante
elephant

canguro
kangaroo

rinoceronte
rhino

gorila
gorilla

oso
bear

camello

camel

avestruz

ostrich

león

lion

mono

monkey

flamingo

flamingo

loro

parrot

oso polar

polar bear

pingüino

penguin

tiburón

shark

pavo real

peacock

serpiente

snake

cocodrilo

crocodile

guardián de zoológico

zookeeper

foca

seal

jaguar

jaguar

poni

pony

leopardo

leopard

hipopótamo

hippo

jirafa

giraffe

águila

eagle

jabalí

boar

pescado

fish

tortuga

turtle

morsa

walrus

zorro

fox

gacela

gazelle

fútbol americano
American football

ciclismo
cycling

tenis
tennis

baloncesto
basketball

natación
swimming

boxeo
boxing

hockey sobre hielo
ice hockey

fútbol
football

bádminton
badminton

atletismo
athletics

balonmano
handball

esquí
skiing

polo
polo

saltar
jump

reír
laugh

abrazar
hug

caminar
walk

cantar
sing

soñar
dream

rezar
pray

besar
kiss

escribir
write

dibujar
draw

mostrar
show

empujar
push

dar
give

tomar
take

tener

have

hacer

do

ser

be

estar de pie

stand

correr

run

tirar

pull

tirar

throw

caer

fall

yacer

lie

esperar

wait

llevar

carry

estar sentado

sit

vestirse

get dressed

dormir

sleep

despertar

wake up

mirar

look at

llorar

cry

acariciar

stroke

peinar

comb

hablar

talk

entender

understand

preguntar

ask

escuchar

listen

beber

drink

comer

eat

ordenar

tidy up

amar

love

cocinar

cook

conducir

drive

volar

fly

actividades - activities

navegar

sail

calcular

calculate

leer

read

aprender

learn

trabajar

work

casarse

marry

coser

sew

cepillarse los dientes

brush teeth

matar

kill

fumar

smoke

enviar

send

abuela
grandmother

abuelo
grandfather

padre
father

madre
mother

bebé
baby

hija
daughter

hijo
son

invitado

guest

tía

aunt

tío

uncle

hermano

brother

hermana

sister

frente
forehead

ojo
eye

hombro
shoulder

dedo
finger

cara
face

barbilla
chin

mano
hand

pecho
breast

pierna
leg

brazo
arm

bebé
baby

hombre
man

mujer
woman

chica
girl

chico
boy

cabeza
head

espalda

back

vientre

belly

ombligo

belly button

dedo del pie

toe

talón

heel

hueso

bone

cadera

hip

rodilla

knee

codo

elbow

nariz

nose

trasero

bottom

piel

skin

mejilla

cheek

oído

ear

labio

lip

cuerpo - body 69

boca

mouth

diente

tooth

lengua

tongue

cerebro

brain

corazón

heart

músculo

muscle

pulmón

lung

hígado

liver

estómago

stomach

riñones

kidneys

sexo

sex

condón

condom

ovario

ovum

semen

semen

embarazo

pregnancy

cuerpo - body

menstruación

menstruation

vagina

vagina

pene

penis

ceja

eyebrow

pelo

hair

cuello

neck

hospital
hospital

ambulancia
ambulance

silla de ruedas
wheelchair

fractura
fracture

médico

doctor

sala de urgencias

emergency room

enfermera

nurse

urgencia

emergency

inconsciente

unconscious

dolor

pain

lesión

injury

hemorragia

bleeding

infarto

heart attack

ictus

stroke

alergia

allergy

tos

cough

fiebre

fever

gripe

flu

diarrea

diarrhoea

dolor de cabeza

headache

cáncer

cancer

diabetes

diabetes

cirujano

surgeon

bisturí

scalpel

operación

operation

TAC

CT

rayos x

x-ray

ultrasonido

ultrasound

mascarilla

face mask

enfermedad

disease

sala de espera

waiting room

muleta

crutch

tirita

plaster

venda

bandage

inyección

injection

estetoscopio

stethoscope

camilla

stretcher

termómetro

clinical thermometer

nacimiento

birth

sobrepeso

overweight

audífono

hearing aid

desinfectante

disinfectant

infección

infection

virus

virus

VIH / SIDA

HIV / AIDS

medicina

medicine

vacunación

vaccination

tabletas

tablets

pastilla

pill

llamada de urgencia

emergency call

tensiómetro

blood pressure monitor

enfermo / sano

ill / healthy

¡Socorro!

Help!

alarma

alarm

asalto

assault

ataque

attack

peligro

danger

salida de emergencia

emergency exit

¡Fuego!

Fire!

extintor de incendios

fire extinguisher

accidente

accident

botiquín de primeros
auxilios

first-aid kit

SOS

SOS

policía

police

Europa

Europe

Norteamérica

North America

Sudamérica

South America

África

Africa

Asia

Asia

Australia

Australia

Atlántico

Atlantic

Pacífico

Pacific

Océano Índico

Indian Ocean

Océano Antártico

Antarctic Ocean

Océano Ártico

Arctic Ocean

polo norte

North Pole

polo sur

South Pole

Antártida

Antarctica

tierra

Earth

tierra

land

mar

sea

isla

island

nación

nation

estado

state

tierra - Earth

esfera

clock face

manecilla de las horas

hour hand

minutero

minute hand

segundero

second hand

¿Qué hora es?

What time is it?

día

day

tiempo

time

ahora

now

reloj digital

digital watch

minuto

minute

hora

hour

lunes
Monday — MO

miércoles
Wednesday — W

viernes
Friday — FR

martes
Tuesday — TU

jueves
Thursday — TH

sábado
Saturday — SA

domingo
Sunday — SO

ayer

yesterday

hoy

today

mañana

tomorrow

mañana

morning

mediodía

noon

tarde

evening

MO	TU	WE	TH	FR	SA	SU
1	2	3	4	5	6	7
8	9	10	11	12	13	14
15	16	17	18	19	20	21
22	23	24	25	26	27	28
29	30	31	1	2	3	4

días laborables

business days

MO	TU	WE	TH	FR	SA	SU
1	2	3	4	5	6	7
8	9	10	11	12	13	14
15	16	17	18	19	20	21
22	23	24	25	26	27	28
29	30	31	1	2	3	4

fin de semana

weekend

lluvia
rain

arcoíris
rainbow

nieve
snow

viento
wind

primavera
spring

otoño
autumn

verano
summer

invierno
winter

4.APRIL	11°	☀
5.APRIL	4°	⛅
6.APRIL	13°	☁
7.APRIL	8°	☀
8.APRIL	10°	☀

pronóstico del tiempo

weather forecast

termómetro

thermometer

sol

sunshine

nube

cloud

niebla

fog

humedad

humidity

rayo

lightning

trueno

thunder

tormenta

storm

granizo

hail

monzón

monsoon

inundación

flood

hielo

ice

enero

January

febrero

February

marzo

March

abril

April

mayo

May

junio

June

julio

July

agosto

August

año - year

septiembre

September

octubre

October

noviembre

November

diciembre

December

formas

shapes

círculo

circle

cuadrado

square

rectángulo

rectangle

triángulo

triangle

esfera

sphere

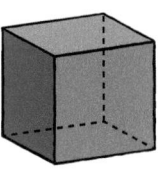

cubo

cube

colores
colours

blanco

white

amarillo

yellow

anaranjado

orange

rosa

pink

rojo

red

morado

purple

azul

blue

verde

green

marrón

brown

gris

grey

negro

black

mucho / poco

a lot / a little

enojado / tranquilo

angry / calm

bonito / feo

beautiful / ugly

principio / fin

beginning / end

grande / pequeño

big / small

claro / oscuro

bright / dark

hermano / hermana

brother / sister

limpio / sucio

clean / dirty

completo / incompleto

complete / incomplete

día / noche

day / night

muerto / vivo

dead / alive

ancho / estrecho

wide / narrow

comestible / no comestible

edible / inedible

malo / amable

evil / kind

entusiasmado / aburrido

excited / bored

gordo / delgado

fat / thin

primero / último

first / last

amigo / enemigo

friend / enemy

lleno / vacío

full / empty

duro / blando

hard / soft

pesado / ligero

heavy / light

hambre / sed

hunger / thirst

enfermo / sano

ill / healthy

ilegal / legal

illegal / legal

inteligente / tonto

intelligent / stupid

izquierda / derecha

left / right

cerca / lejos

near / far

nuevo / usado

new / used

nada / algo

nothing / something

viejo / joven

old / young

encendido / apagado

on / off

abierto / cerrado

open / closed

silencioso / ruidoso

quiet / loud

rico / pobre

rich / poor

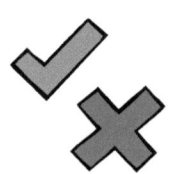

correcto / incorrecto

right / wrong

áspero / suave

rough / smooth

triste / contento

sad / happy

corto / largo

short / long

lento / rápido

slow / fast

húmedo / seco

wet / dry

cálido / frío

warm / cool

guerra / paz

war / peace

0

cero

zero

1

uno

one

2

dos

two

3

tres

three

4

cuatro

four

5

cinco

five

6

seis

six

7

siete

seven

8

ocho

eight

9

nueve

nine

10

diez

ten

11

once

eleven

12

doce

twelve

13

trece

thirteen

14

catorce

fourteen

15

quince

fifteen

16

dieciséis

sixteen

17

diecisiete

seventeen

18

dieciocho

eighteen

19

diecinueve

nineteen

20

veinte

twenty

100

cien

hundred

1.000

mil

thousand

1.000.000

millón

million

inglés

English

inglés americano

American English

chino mandarín

Chinese Mandarin

hindi

Hindi

español

Spanish

francés

French

árabe

Arabic

ruso

Russian

portugués

Portuguese

bengalí

Bengali

alemán

German

japonés

Japanese

yo

I

tú

you

él / ella / ello

he / she / it

nosotros/as

we

vosotros/as

you

ellos/as

they

¿quién?

who?

¿qué?

what?

¿cómo?

how?

¿dónde?

where?

¿cuándo?

when?

nombre

name

detrás

behind

en

in

delante de

in front of

por encima de

over

sobre

on

debajo de

under

junto a

beside

entre

between

lugar

place